श्रीराम की व्यथा

(Agony of Lord Rama)

डॉ. ओम प्रकाश यादव

ISBN-10:1547238569
ISBN-13:978-1547238569

समर्पण

मानव जीवन दुख-सुख,पीड़ा,ब्यथा,संघर्षों और संतापों का यौगिक है,किसी जीवन में यह अनुपात न्यून या अधिक हो सकता है।जब कोई मानव महा मानव बनने की दिशा में अग्रसर होता है तो उसके दुख और पीड़ाओं का अनुपात बढ़ता जाता है।यह रचना उन सभी को समर्पित है जो दुख और पीड़ा में ही आनंद की अनुभूति करते हैं और महामानव बनने का प्रयास करते हैं।

विषय सूची

प्रस्तावना

भरत भूमि रत्नगर्भा है; नर रूप रत्न भी सदैव किसी न किसी कालखण्ड में इस धरा पर आते रहे हैं और अपने जीवन से,अपने कार्यों से एक नया आदर्शपुंज स्थापित करते रहे हैं। इस धरा धाम की सर्वश्रेष्ठ विशेषता यह रही है कि प्रत्येक नर-रत्न किसी विशेष क्षेत्र में एक नया आयाम स्थापित कर गया।इसी श्रिंखला में प्रभु श्रीराम ने जीवन की, परिवार की, समाज की तथा शासक के कर्तव्यों के मर्यादाओं की पुनर्स्थापना की तथा आदर्शों के सम्मान में अपने जीवन की हर प्रसन्नता का बलिदान किया ।

यह स्वाभाविक है कि हर बलिदान व्यक्ति के जीवन से बहुत कुछ छीन लेता है; उसे रीतेपन, पीड़ा और ब्यथा की ओर ले जाता है । श्रीराम को प्रारम्भिक शिक्षा अपनी माँ से जीवन-मूल्यों और मर्यादाओं के पालन के रूप में मिली थी जो आगे चल कर गुरु बशिष्ठ ने अन्य क्षेत्रों नें ज्ञान देने के साथ-साथ मूल्यों और मर्यादाओं की रक्षा तथा उनके पुनर्स्थापन के ज्ञान के रूप में मिली।राम ने अपने जीवन में जो भी कार्य किया हर किसी में इन बातों का ध्यान रखने का प्रयास किया । लेकिन कहा जाता है, "अति सर्वत्र वर्जयेत", और इस बात का ध्यान रखने में उनसे कई बार चूक हुयी, जिनके परिणाम बहुत भयंकर निकले ।

श्रीराम न तो स्वंय सुखी रह पाये और न अपनी पत्नी व बच्चों को

सुखी रख पाये । विशेष रूप से अपनी पत्नी सीता के साथ उन्होंने सदैव अन्याय किया । हमारे समाज में उन्हें मर्यादा पुरुषोत्तम के रूप में जाना जाता है लेकिन उनके हाथों नारी की गरिमा का बार बार उल्लंघन हुआ।

उन्हें धराधाम से परलोक गमन कर सर्वोत्तम विष्णुलोक प्राप्त हुआ, लेकिन उन्हें वहाँ भी एकाकीपन गिला, और इसी अवस्था में उन्हें अनंत काल तक रहना था । श्रीराम को किन बातों के लिये प्रायश्चित करना था और क्या वे कभी नहीं कर पायेंगे, इन्हीं का विवेचन इस पुस्तक के माध्यम से करने का प्रयास किया गया है । यह एक ऐसा विषय है जो नितान्त अछूता है और पाठकों को सोचने के लिये बाध्य करेगा कि धराधाम पर ऐसा कोई भी अवतीर्ण नहीं हुआ जिसे दुख, ब्यथा, पीड़ा न प्राप्त हुयी हो ।

आशा है सुधी पाठकों को यह रचना अवश्य पसंद आयेगी ।

डॉ. ओम प्रकाश यादव
पुणे, भारत,
मई, २०१७

प्रथम सर्ग

अभ्युदय

सहस्त्रों वर्ष बीत चुके थे,

विष्णु-लोक में एकाकी रहते रहते,

आदर्शों की वेदी पर जीते-जीते,

परमसत्य की निर्विकार सत्ता का नित

अवगुन्ठन करते-करते ।

जब भी सोकर उठते, एक नयी आशा जगती,

स्यात् कहीं सीता का समाचार,

कोई आ जाये, राम के हृदय की

तपिश भरी मरुभूमि को शीतलता दे जाये;

पर कभी नहीं हुआ ऐसा,

आया,

पर केवल निशा-निमंत्रण ही आया,

एकाकीपन को द्विगुणित करने;

दिन तो कट जाता था,

नानाविधि क्रिया-कलापों में,

पर निशा ?

निशा नहीं थी कटती,

विष्णुलोक की सीमायें थीं,

मर्यादायें थीं,

अति नियमवद्ध जीवन की ।

विष्णु लोक था आलोकित दिव्य तेज़ से,

सूर्य-चन्द्र, ग्रह, नक्षत्र नहीं था कोई,

वे सभी थे अपने-अपने लोक में,

अपनी-अपनी सीमाओं में रहते,

दिवस नहीं होता, रात्रि नहीं होती,

निशा भयंकर का अंधकार नहीं था,

पता नहीं चलता, कब हुआ प्रात,

कब आ गयी सुरमयी संध्या,

प्रकाश ही प्रकाश था,

उसके तीब्र या मद्धम होने से,

मिलता था आभास

दिन और रात्रि का,

3

इस लोक में विष्णुरूपमय
निर्विकार सत्ता के स्वामी,
अनन्य पुण्यवान ही रहते;
थी जनसंख्या अति अल्प,
सभी दूर-दूर रहते ।
बहुधा थे तपस्वी, मुनिगण,
अपने आराध्य की साधना
में खोये रहते,
जो सपत्नीक आये थे,
वे भूल चुके थे अपने बच्चों को,
शिष्यों को,
एक अलग आभामंडित जीवन जीते ।

सांसारिक गतिविधियाँ नहीं थीं,
इर्ष्या-द्वेष नहीं था, दु:ख नहीं था,
सुख भी नहीं था,

बस अनंत आभा थी,
देव लोग से लगी
कोई भी इच्छा पूरी हो जाती;
देवराज इन्द्र स्वंय
सबकी देख भाल करते ।
श्रीराम की चिन्ता
रहती उन्हें विशेष थी,
अपने पुत्र जयंत के
अनाचार के कारण,
वे श्रीराम से थे
अत्यधिक डरते;
उनका एकाकीपन
दूर भगाने को,
उन्हें मुदित हास
में लाने को,
इन्द्र थे सभी सम्भव

प्रयास करते;
उर्वशी, रम्भा, मेनका, तिलोत्तमा,
उपयुक्त हो चुकीं थीं
कहीं और पहले ही,
उनका कोई प्रभाव
नहीं पड़ सकता था,
नई-नई अप्सराओं को
श्रीराम के पास भेजा करते,
वह सभी प्रयास करतीं
उन्हें रिझाने का,
उनके एकाकीपन को
दूर भगाने का;
मर्यादापुरुषोत्तम
इस लोक मे भी,
मर्यादा की उच्चतम
सीमा में रहते,

विष्णु, ब्रह्मा, शिव तथा अन्य देवगण,

सभी थे सपत्नीक

अपने-अपने धाम में रहते,

वे समझाते थे,

नहीं मिल पायेंगी सीता

उन्हें विष्णु लोक में,

जो भी उन्हें भा जाये

उसकी सेवा ग्रहण करने को,

पर श्रीराम तनिक भी नहीं हिलते,

किसी अप्सरा में कोई रुचि नहीं रखते;

बेचारी अप्सराओं का बुरा हाल होता था,

नहीं रह पातीं श्रीराम के पास,

लौट नहीं सकतीं इन्द्रलोक,

हो निराश, थक हार कर,

वे सभी धराधाम का रुख़ करतीं,

बन अभिनेत्रियाँ, नायिकायें, नर्तकियाँ,

पृथ्वी वासियों का मनोरंजन करतीं;
पृथ्वीवासी होते विस्मित
उनकी बढ़ती जनसंख्या से,
पर समझ नहीं पाते रहस्य उनका ।

इन्द्र अपनी सौन्दर्मयी
अप्सराओं का उपहास,
सहन नहीं थे कर पाते,
श्रीराम से कहने का
साहस भी नहीं कर पाते,
कुटिल चाल चली
एक दिन इन्द्र ने,
जब राम थे विश्रामावस्था में
निपट अकेले,
भेज दिया उनके शयनकक्ष में
एक अद्वितीय सुरबाला,

दे उसके हाथों में

परम सुगंधित हाला,

उसने योजनानुसार कार्य किया,

परमश्रेष्ठ की निद्रा में

ब्यवधान किया,

उठे श्रीराम चौंक कर,

देखा सामने सुरबाला,

थे अन्तर्यामी समझ गये,

हुआ, क्या है ?

मृदु भाव से बोले,

"पुत्री आई हो तात से मिलने,

स्वागत है तेरा, जो भी लायी हो,

अमर रस हो जायेगा आ हाथों में मेरे,

उसे पी तुम स्वंय देवसम हो जाओगी,

इन्द्र के पाश से मुक्त हो जाओगी,"

फफक-फफक कर रो पड़ी सुरबाला,

9

देख स्नेह-सिक्त महिमामय

मुख मंडल को,

सुन श्रीराम की

अमृतमय वाणी,

बता दिया सम्पूर्ण सत्य,

प्रयोजन अपने आने का,

इन्द्र के बुने ताने-बाने का ।

प्रभु श्रीराम ने झपट,

ले उसके हाथों से हाला,

कर स्पर्श अपने पावन कर से,

बना दिया उसे अमृत जीवन रस,

लौटा उसे, उस बाला को,

पुनः शांत करुण रस में बोले,

"पुत्री अब तुम पी लो इसको,

द्वेष, पाप, विकार से मुक्त हो जाओगी,

स्वंय इन्द्र को सत्मार्ग दिखाओगी,

है मेरा आशीष तुम्हें अनंत ज्ञान-धन का,

जब भी चाहो इस पिता से मिलने का,"

लोट श्रीराम के चरणों में,

धन्य हो गयी वह पुण्यमयी,

मिली श्रीराम को भी पुत्री

जो धराधाम पर थी

नहीं मिली ।

हो देवमय चली गयी वह,

अपने नये एक लोक को,

पर छोड़ गयी पीछे अपने एक प्रश्न,

एक यक्ष प्रश्न,

क्या इन्द्र नहीं सुधरेंगे ?

क्या उनके लिये

किया सब तप व्यर्थ रहा ?

उन्हें पुन: प्रतिष्ठित करने को,

देवराज की गद्दी पर,
स्वर्गलोक के स्वर्ण सिंहासन
पर बैठाने को,
मेरे अनुज ने चौदह वर्षों तक
महाकठिन तपस्या की थी,
उसकी भार्या ने भी
माँ भगवती की,
चौदह वर्षीय आराधना
की थी,
फिर भी लगा प्राणों की बाज़ी,
लंका की स्वर्ण भूमि को,
बना रक्त की सरिता,
मारा था महापराक्रमी
दशानन-पुत्र,
इन्द्रजित मेघनाद को ।

श्रीराम हो गये दुखी,पीड़ित,

डूब गये चिन्ता में;

यह क्या ? विष्णुलोक में भी चलती हैं क्रीड़ायें,

मुक्त नहीं,कुटिलता से,

क्या हो रहा होगा धरती पर,

जिसको पावन करने को,

मैनें अपना सारा जीवन

लुटा दिया था,

त्याग दिया था सुख, वैभव,

रहे न किसी के मन में संशय,

देवी सीता से अग्निपरीक्षा ले डाली थी,

बाध्य किया था अरण्यवास करने को,

जिसका परिणाम भुगत रहा हूँ

आज इस लोक में ।

द्वितीय सर्ग

अयोध्या

दिव्य-कांति से भरे वातावरण में,

शंख ध्वनि गुंजित थी,

सुगंधि थी फैली

यज्ञवेदिकाओं से उठते धूम्र-तरंगों से,

वेद ऋचाओं का गुंजन,

घोल रहा था मधु-कण,

नीरवता को तोड़ रहे थे स्वस्ति-वचन,

शांति ही शांति थी दृष्टि जहाँ तक जाती,

आलोक विस्तृत था परम सत्य का;

विष्णुलोक वासी खोये थे अपनी-अपनी धुन में,

नहीं निमन्त्रण था, नहीं बाधा थी,

कहीं भी कोई आ सकता था,

कहीं भी कोई जा सकता था,

हो नगर वीथिका या यज्ञशाला,

थे भयमुक्त, स्वागत को आतुर,

हर आगन्तुक का, हर साधक का;

श्रीराम कहीं भी जाते,

परम स्नेह, परम सत्कार ही पाते,

अपनी दिव्यआभा बिखराते,

आज थे कुछ व्यग्र, कुछ चिंतित से,

पर समझ नहीं थे पाते,

क्यों शांत नहीं उनका मन ?

आ नभगंगा के तीर बैठ गये,

प्रभु श्रीराम निरीह से, निरासक्त भाव में लिपटे,

देखा अनंत जलराशि,

अनंत से आकर अनंत को जाते,

शांत, स्निग्ध प्रवाह नभ-जान्हवी का,

सुधा-अमृत ले जाते;

याद आ गया प्रभु को वह दिन,

जिन चरणों से प्रकटी थी तटिनी,

उसे पार करने को विनती करते केवट से,

भार्या, अनुज संग वन को जाते ।

मंद-मंद, मधु मुस्कान आ गयी अधरों पर,

महाकाल की कैसी इच्छा,

कर देती विवश त्रिलोकनाथ को भी,

कंटकाकीर्ण पथ पर पदचारी बन जाते;

देखा नभ-गंगा के दर्पणमय जल में,

विष्णुलोक, देवलोक की हर गतिविधि,

अनंत ब्रह्मांड, अनेकानेक जीवलोक,

चर, अचर, जलचर, नभचर, भूचर,

बनते देखा कितने ब्रह्मांड,

विलुप्त होते देखा कितने ब्रह्मांड!

यह तो शाश्वत क्रम था,

परमसत्य की क्रीड़ा,

बनते-मिटते कालखण्ड की लीला ।

अचानक याद आ गयी पुण्य-प्रभा सरयू,

रत्नप्रभा सलिला जिसमें जल समाधि ली थी,

विष्णुलोक तक का मार्ग बनाने को,

धराधाम को अंतिम प्रणाम कह जाने को,

तड़ित वेग से आ गयी स्मृति में वह धरती,

जिसने उनको जन्म दिया,

पाला-पोसा, दे परिचय,

महामानव व ईश समकक्ष बनाया ।

तड़प उठे प्रभु श्रीराम,

लगा पटल पर चलने हर क्षण,

जो बीता था धरती पर;

याद बहुत आईं माँ कौशल्या,

जिनके आँचल में प्रभुरूप मिला,

जिनके वात्सल्य का क़र्ज़ अभी भी बाक़ी है,

जिनके मातृमोद का मूल्य नहीं,

जिनके चरणों में अंतिम प्रणाम

अभी भी बाक़ी है ।

रोक न सके श्रीराम स्वंय को,

खो गये अतीत में भूल कर काल की मर्यादा,

उभरने लगा हर क्षण

जो धरा धाम पर था बीता,

मानव रूप बहुत कठिन था,

उससे भी दुष्कर था

मर्यादाओं की सीमा में रहना,

खोया ही खोया सब कुछ,

जब तक रहे मनुष्य रूप में धरती पर,

जिसका परिणाम अभी तक भुगत रहे,

विष्णुलोक में भी खोकर सीता को ।

सीता की स्मृति आते ही,

हो गये प्रभु कातर, रो पड़े तोड़ मर्यादा,

बहने लगे अश्रु-कण बन जलधारा,

मिला अश्रुजल सरिता की धारा में,

पा अश्रु-जल और भी पावन हो गयी नभ-गंगा;

बीत गया लघु कालखण्ड

अवसाद रहित होने में,

प्रभु को संयत होने में ।

बढ़ चुकी थी जिज्ञासा उनकी,

हो रहा क्या होगा ?

अपनी जन्मभूमि पर,

अपनी कर्मभूमि पर,

कैसी होगी वह धरती,

जन्म जहाँ था मैनें पाया,

जिसके जल ने, जिसकी मिट्टी ने,

मुझे भगवान श्रीराम बनाया;

प्रयास किया नभ-गंगा में

देखें उस धरती को,

पर अनंत ग्रह-पिंडों के मध्य

स्पष्ट न दिख पायी,

वह धरती अयोध्या की ।

जाग्रत किये दिव्यचक्षु,

अयोध्या पर दृष्टि गड़ाई,

धीरे-धीरे उभरने लगे सभी दृश्य,
जो छोड़ गये थे वे अपने पीछे;
पर यह क्या ?
विलुप्त हो गये थे
ऋषि-मुनियों के आश्रम,
पुण्यसलिला सरयू तट पर जो थे रहते,
सुरम्य तट भर गया था भवनों से,
नानाविध प्रतिष्ठानोंसे,
निर्मल जल सरयू का
रहा न रजत दर्पण सा,
हो चला मैला था,
सरित कूल जो देते थे
शांति तन को, मन को,
खो चुके थे गरिमा ।
जैसे-जैसे प्रभु ने दृष्टि घुमाई,
मिले दृश्य कुछ ऐसे,

जो हिला गये अन्तस्तल तक,

सोचा देखें उन महलों को,

उन परकोटों को,

जन्म जहाँ था पाया,

शैशव था जिनके अंश पाश

में बीता,

नहीं मिला कुछ भी

जो स्मृति में हो,

अंत में मिली एक रचना कुछ अस्थायी थी,

जहाँ मूर्ति रूप में राम लला थे बैठे;

हो गये ब्यथित कुछ समझ न पाये,

क्या हो गया,

कैसे हो गया,

क्यों हो गया,

कौन मिलेगा जो बतलाये ?

स्यात् भूल गये थे श्रीराम,

सहस्त्रों वर्ष का अन्तराल
हो चुका था,
कालखण्ड बदल चुका था,
त्रेता युग बीत चुका था,
द्वापर भी बीत चुका था,
कृष्णावतार समाप्त हो चुका था,
गौतम भी आकर
कई सहस्त्र वर्ष पूर्व जा चुके थे,
था कलयुग भी काफ़ी दूर निकल आया;
अब न रहे वे जीवन मूल्य,
अब न रहे वे मर्यादा रखने वाले ।
हो विकल खोज रहे थे हर बीथी,
हर कोना,
कहीं कुछ उनके युग
का मिल जाये,
सरयू तट पर देखा,

एक स्थान पर लिखित,

"गुप्तार घाट",

विस्मित हो गये,

जल समाधि अचानक

ली थी उन्होंने,

उन्हें स्वंय वह स्थान याद नहीं,

कैसे लोगों ने उनकी

समाधि का स्थान बनाया ?

लगा माँ कौशल्या उन्हें पुकार रहीं,

देखा उन्होंने इधर-उधर

कुछ दृश्य नहीं आया,

नभ-गंगा के जल में देखा,

दिखीं किसी देवलोक में

अपने सुत की

स्मृतियाँ संजोये,

उत्कंठा हुयी बहुत माँ से मिलने की,

पर मर्यादाओं का बन्धन
आगया सम्मुख,
विष्णुलोकवासी
नहीं जा सकता किसी
अन्य देवलोक में,
नहीं बुला सकते किसी को
श्रीविष्णु की
अनुमति के बिना;
श्रीराम सोचते रहे
यह कैसा पुण्यलोक है,
पृथ्वीलोक का बन्दीगृह
भी इससे अच्छा था,
कुछ तो स्वतंत्रता थी वहाँ
बन्दी लोगों को भी ।
सोचा कुछ दृश्य ज़रा कालखण्ड में
पीछे जाकर देखूँ,

हो गये दुखी देख
हुआ जो कुछ;
अयोध्या के राजमहल
ध्वस्त हो चुके थे,
शताब्दियों पूर्व
खा थपेड़े कालचक्र के,
उन्हीं के साथ विलुप्त
हो गये थे,
जीवन-मूल्य
जो उन्होंने था
धर्म, कर्म से पाया,
धर्म-जाति के लिये
युद्धरत थे लोग
कुत्ते-बिल्ली सम,
देवालय थे,
मदिरालय थे,

कुछ घर थे ऐसे
जिन्हें परवरदिगार का कहते,
कुछ सदनों में और
न जाने कौन कौन,
देवरूप थे बसते;
अयोध्यावासी थे
शांत, संयत,
पर बाहर से लोग आकर
उनमें जोश भरते थे,
उन्मादित हो
वे प्रचंड बनते थे,
अवांछित कृत्य करते थे ।

सोचा पुन: एक बार देखूँ
पुण्यमयी सरयू को,
पीड़ा हो गयी
द्विगुणित देखा जब,

रक्त-प्रवाह
निरजा नीर में,
आह ! जीवन देने वाली
माँ तटिनी,
खो गया कहाँ भाग्य तुम्हारा,
तुमने इच्क्षवाकु कुल
को पाला-पोसा,
रघु सा नर-नृप दिया
धरा को,
तेरे ही जल से मिली
शक्ति, सामर्थ्य मुझको,
तुमने ही
अनंत योजन तक,
न्याय पथ
का निर्माण किया;
ऐसा हुआ क्या,

तुम आज हो गयी हो मैली ?

नभ-गंगा के

जल में देखा,

सरयू कातर स्वर में पुकार रही;

हे राम !

एक बार फिर से आ जाओ धरती पर,

फिर से युग का निर्माण करो,

रघुकुल की धरती का उद्धार करो,

मेरे जल को भी कर

मुक्त दोष-पाप से,

मुझको फिर से पावनता दो ।

राम के अन्तस्तल

में उपजी पीड़ा,

लगे सोचने,

कैसे देवी सरयू का

आह्वान स्वीकार करूँ,

कैसे मैं युग का
पुन: निर्माण करूँ;
और बढ़े आगे कालखण्ड में,
कैसे-कैसे काल-खण्ड बीते,
हुआ क्या किस युग में,
ज्यों ही अर्वाचीन युग में आये,
हो गये निस्तेज, निष्प्रभ;
देख समय की सच्चाई,
उनको मुर्छा आयी,
जैसी मुर्छा मेघनाद के
अमोघ अस्त्र से
लक्ष्मण को थी आयी,
तब थे हनुमान
जिसने संजीवनी थी लायी,
अब कौन धरा पर होगा,
जो मेरी पीड़ा हर पायेगा,

मेरी ही धरती पर
मुझको जीवन दान
दे पायेगा ?
दुखी हो गये राम,
देख अयोध्या की माया,
असत्य, अधर्म की छाया;
लड़ते देखा भाई-भाई को,
कहते देखा,
मन्दिर का निर्माण करो,
कोई कहता मंदिर
यहाँ नहीं हो सकता,
यहाँ तो मेरे
परवरदिगार का घर है;
भूल गये लोग हर भाषा में,
नाम अलग-अलग हैं,
पर हैं सब मेरे ही रूप,

श्रीराम रूप में

मैं आया था अयोध्या में,

पर ईश रूप में हर धरती

मेरी ही है ।

दुख और बढ़ गया उनका,

याद आ गयी उन्हें सूर्पणखा,

जिसको कुरूप

किया था लक्ष्मण ने,

जिसने जा सूदूर

कहीं अपना वंश बसाया था,

श्रीराम से बदला लेने का पाठ,

अपने बच्चों को सिखलाया था,

दिव्यदृष्टि से देख

राम ने जान लिया,

यह उनकी ही करनी का फल है,

जो हो रहा देवस्थानों

के लिये युद्ध है,

यदि वह लक्ष्मण की सच्चाई,

उस प्रेमातुर देवी

को बतला देते,

तो स्यात् सीता-हरण न होता,

युद्ध न होता

दशानन से;

और उन्हें स्वंय

न वंचित होना पड़ता,

महा पुण्यमयी सीता से ।

रो पड़े राम,

मेरी भूल ज़रा सी,

क्या परिणाम दिखा बैठी है,

कालांतर की पीड़ा स्वंय को,

और मातृभूमि

अयोध्या को दे बैठी है ।

कर लिया निश्चय
उसी क्षण,
मैं फिर न कभी
अयोध्या की धरती पर जाऊँगा,
फिर न कोई
नया उन्माद उपजाऊँगा ?
पर यक्षप्रश्न रहा अनुत्तरित.......
श्रीराम के नाम पर
हो रहा ताण्डव,
क्या शांत कभी हो पायेगा,
क्या पुन: राम राज्य आयेगा,
क्या होगा धरती पर
ऐसा कोई पावन नर,
क्या अयोध्या को पुन:
पुण्यक्षेत्र बनायेगा ?

तृतीय सर्ग

आराधक

नभगंगा के जल दर्पण में
देखा श्रीराम ने,
पवन पुत्र
हनुमान को उड़ते,
राम-नाम जपते,
याद आ गयीं स्मृतियाँ भूलोक की,
किष्किन्धा से आगे श्रीराम ने गुज़ारे,
हनुमान के सहारे;
सोचने लगे ऐसा भक्त,
सेवक, शुभचिन्तक, आज्ञाकारी,
मिला बड़े भाग्य से
भूलोक पर रहते,
जिसके रोम-रोम में
मात्र श्रीराम बसते,
मैं आ गया यहाँ
हो मुक्त धरा से,

वह ढूँढ रहा मुझको
कोने-कोने में,
धरती से अम्बर तक,
अमरत्व का वरदान लिये,
मुक्त न हो पायेगा धरती से,
और न मुझको पायेगा,
विडम्बना कैसी,
छोड़ चला आया मैं,
अपना सर्वश्रेष्ठ अनुरागी ।
याद आ गया वह दिन
किष्किन्धा में,
पहली बार मिले थे,
ब्राह्मण वेषधारी महापंडित
हनुमान से,
निष्कासित सुग्रीव के
दूत के रूप में;

आशंका थी आगंतुक बनवासी

कैसे होगें,

क्या भेजा किसी ने

सुग्रीव वध करने को,

यही सोच पवनपुत्र

छद्मवेश में आये थे,

राम के सामने नाना प्रश्न उठाये थे,

उत्तर पा संतोषजनक,

पहचान लिया था,

दिव्यपुरुष कोई अनुज संग आया है,

अपनी भार्या की खोज हेतु,

सहायता का अनुरोध लाया है;

है ज्ञानी, परम पराक्रमी, सुग्रीव की

सहायता कर सकता है,

बालि के अत्याचारों से मुक्ति दिला सकता है;

यहीं से उपजा बीज मित्रता का,

समय के साथ बढ़ते-बढ़ते,

एक नये रूप में बदल गया

प्रभु श्रीराम का भक्त,

सेवक,सब कुछ,

अंजनी नंदन बन गया ।

मिले थे गिद्धराज जटायु अरण्य-पथ में,

रावण के प्राणघातक प्रहार से आहत,

श्रीराम की प्रतीक्षा करते ।

पहचान लिया था सीता को,

पुष्पक विमान में अपहृत कर

लंका को ले जाते,

भीषण युद्ध किया था रावण से,

सीता की रक्षा करने को,

रावण से मुक्त कराने को,

पर दशकंधर ने क्षत-विक्षत कर दिया था

पक्षीराज को,

अपने अमोघ अस्त्रों से,

हो विवश गिर पड़े थे,

धरा पर अंतिम सासें गिनते,

श्रीराम का चरण-स्पर्श करने को,

सीता का पता बताने को ।

प्रभु श्रीराम सोचने लगे,

जटायु सा नि:स्वार्थ भक्त न होता,

सीता का पता नहीं मिलता,

पर किया क्या मैंने ?

उन्हें गले लगा सकता था,

जन्म-जन्मान्तर के पापों से मुक्त करा सकता

था,

किसी तरह घिसट-घिसट कर

किया था उसने,

चरणस्पर्श मेरा,

अंतिम श्वास ले चला गया था गरुण-लोक को ।

मरणासन्न जटायु ने बता दिया था

प्रभु श्रीराम को,

रावण कर अपहरण ले गया है सीता को,

दिशा दक्षिण की ओर,

उसका साम्राज्य जहाँ

स्वर्णनगरी लंका में,

बानर राज सुग्रीव थे चिन्तित,

कौन करेगा सागर पार,

कैसे हो सीता का अनुसंधान,

जामवन्त ने तभी सुझाया मार्ग,

हैं हनुमान महाबली

ले दिव्य शक्तियाँ अपार,

यदि वह हो जायें परिचित उनसे,

कर सकते हैं सागर पार;

अन्तोगत्वा जामवन्त ने

स्मरण दिलाया पवन पुत्र को;

वत्स ! जन्में हो तुम
करने को विशिष्ट कार्य,
भगवान भुवन भास्कर ने
है दिया तुम्हें वरदान,
पवन वेग से जा सकते हो
सागर पार;
हनुमान पहचान अपनी शक्तियाँ
हो गये तैयार,
पहुँच लंका मिल सीता को
आश्वस्त किया,
प्रभुश्रीराम अवश्य आयेंगे लंका,
मुक्त करेंगे माँ तुमको,
कर परास्त लंकापति को;
यही था अवसर जब देख दशा सीता की,
हनुमान दुखी हो,
रावण-विनाश को कटिबद्ध हो गये ।

श्रीराम हो रहे ब्यथित थे,

हनुमान को याद कर बार बार,

वह महापंडित, महाबली,

साथ दिया जिसने

मेरा हर पग पर,

भटक रहा है आज धरती पर

निपट अकेला,

मैं बता नहीं पाया उसको,

समय समाप्त हो रहा मेरा भूतल पर,

करना है मुझको प्रस्थान,

क्या सोच रहा होगा वह,

वह व्यक्ति जिसे उसने प्रभु माना,

छोड़ उसे निराधार चला गया जग से पार ?

यह तो मात्र था प्रारम्भ अवसाद का,

जिसे और बढ़ना था प्रभु के मन मे ।

लक्ष्मण !

अनुज लक्ष्मण,

जो करता रहा सेवा मेरी हर पल,

चला गया किसी और देवलोक;

नहीं मिल सकता मैं उससे,

सुना नहीं सकता अपना हाल,

अनुज नहीं,

मेरी जननी से भी था अधिक,

चौदह वर्ष विताये उसने बिना किये आराम,

सोया नहीं एक भी रात्रि;

दिन भर सेवा करता

भैया-भाभी की हर विधि

रात्रि भर प्रहरी बन

रहता बैठा कुटिया के बाहर

जब करते हम विश्राम;

इतनी कठिन तपस्या की उसने निस्स्वार्थ,

तज अपनी नूतन-नवीन भार्या को,

अयोध्या के महलों के प्रांगण में,

या किसी वीरानें से कोने में,

यह भी नहीं ज्ञात ।

कपट स्वर्ण मृग का चर्म पाने को,

हठ किया जनक नंदिनी ने,

मानी नहीं मेरे समझाने पर,

चला गया मैं आखेट उस मृग का करने को,

सौंप लक्ष्मण को वैदेही की रक्षा का भार;

सुन कपट ध्वनि सीता ने फिर हठ किया,

मानी नहीं उसकी बात,

लक्ष्मण ने खींच दिया सुरक्षा चक्र,

सीता ने फिर की मनमानी,

जो थी उनकी नादानी,

परिणाम !

सीता हरण ।

राम को क्रोध बहुत था आया,

लक्ष्मण पर, सीता पर;

सीता थीं पास नहीं,

अनुज पर क्रोध उतारा,

बस इतना ही कहा,

"सीता ने की नादानी,

पर तुमने क्यों की नादानी"।

नभ-गंगा के जल में दिखा,

बुझा-बुझा सा उनको अपना चेहरा,

हो गये ब्यथित आज फिर विष्णुलोक में;

लक्ष्मण ने तो सदैव मेरा और भाभी का

इष्ट-देव सम सम्मान किया,

फिर डाँट उसे,

मैंने क्यों की नादानी ?

स्मृतियों का तार खिंचता ही चला गया,

याद आ गयी उर्मिला ! अनुज वधू,

जिसे कनिष्ठ भगिनी सम था माना,

कितना मैंने उस पर अन्याय किया,

लक्ष्मण को ले साथ चला वन को,

उसको छोड़ दिया अयोध्या में

एकाकी रहने को,

हो गया मैं कितना स्वार्थी,

मेरी पत्नी थी मेरे संग,

मेरे दुख में, मेरे सुख में,

पर मेरे कारण दुख पाया दोनों ने,

लक्ष्मण ने अरण्य में,

उर्मिला ने राजमहल में ।

हो गये दुखी सोचने लगे,

साथ अगर वह भी आती,

सूर्पणखा नहीं हमें सताती,

अनचाहा युद्ध न होता,

सर्वनाश स्वर्ण नगरी का रुक जाता ।

अगले ही पल याद आ गयी

गुरू वशिष्ठ की वाणी,

"तुम्हें धर्म-पथ पर चलना है,

जीवन-मूल्यों की रक्षा करना है,

है पथ अत्यंत कंटकाकीर्ण,

कष्ट मिले कितना ही,

नहीं कहीं रुकना है,

यदि कष्ट पड़े अपनों को भी देना,

नहीं हिचकना है,"

स्यात् यही भाव आ गया था मेरे मन में,

जिसने झोंक दिया उर्मिला को,

एकाकी गह्वर में ।

अगले ही पल याद आ गये भरत,

देखें हैं कहाँ मेरे वे दो और अनुज,

भरत व भार्या मांडवी

तथा शत्रुघ्न व श्रुतिकिर्ति,

दिखे अति उत्तम देवलोक में,

प्रसन्न, मुदित मन;

निरासक्ति भाव से

भरत ने सम्हाला

अयोध्या का शासन,

जब थे राम धर्म-पथ पर,

शत्रुघ्न ने सदैव उनका साथ दिया,

पूरा ध्यान रखा उर्मिला का दोनों ने,

उनकी पत्नियों ने,

जो रही तपस्यालीन

चौदह वर्ष तक;

करती रही आराधना

माँ भगवती की,

साधना सर्व काम-प्रदायनी

माँ दुर्गा की;

उर्मिला की ही तपस्या का

परिणाम था,

लक्ष्मण जीवित बच गये,

मेघनाद की शक्ति प्रहार से,

और कर सके विनाश इन्द्रजित का ।

श्रीराम पुन: हो गये दुखी,

मेरे सब भाई पास नहीं मेरे

इस लोक में,

क्या विडम्बना यह,

जो रहे नहीं दूर कभी मुझसे,

आज कोई भी पास नहीं मेरे ?

यह कैसी मर्यादा है एकाकीपन की,

विष्णुलोक के जीवन की ।

नल-नील बानर द्वय आ गये

अनायास ही मानस पट पर,

जो थे सीधे-साधे अनजाने से,

गुप-चुप ही रहते थे,

जितना आदेश मिला
उतना ही करते थे;
सागर सुन नहीं रहा था
श्रीराम के अनुरोधों को,
दे नहीं रहा था मार्ग
लंका तक जाने का,
बीत गये थे कई दिन
फिर भी सागर था अडिग,
उत्सुक नहीं दिखा मार्ग बताने को,
तब श्रीराम ने अपना कोदंड उठाया,
दंडित करने सागर को,
भय से काँपते देव सागर आये,
श्रीराम के चरणों में शीश नवाये,
भयातुर त्राहिमाम करते,
श्रीराम ने किया क्षमा
पर पूछा मार्ग

सागर पार जाने का;

सागर देव ने नल-नील के

अभिशाप का रहस्य बताया,

सेतुबंध का उपाय बताया,

कर उपयोग बानर बंधुओं का,

श्रीराम ने सागर पर

एक सेतु बनाया,

बृहत् बानर सेना को

लंका तक पहुँचाया;

राम थे गद्गद

अभिशाप बन गया वरदान था,

हलाहल जैसे शिव के कंठ मे शांत था ।

राम सेतु हो गया अमर

पा उन श्रीचरणों को,

जोड़ रहा आज भी

रामेश्वरम को श्रीलंका से,

पर वे दोनों भाई नल-नील,

भुला दिया जग ने उनको,

हो नहीं सके एकाकार

श्रीराम के चरंणों से;

सोच रहे थे प्रभु !

यदि वे दोनों भाई

पास नहीं होते बानर सेना के,

विजय मार्ग नहीं बन पाता

लंका तक जाने का ।

मैंने भुला दिया कैसे उनको,

हनुमान से अल्प नहीं

योगदान उनका,

मैं उन्हें धन्यवाद भी नहीं दे पाया,

कभी उन्हें गले नहीं लगाया,

छोड़ चुका हूँ धराधाम मैं,

फिर लौट न जाऊँगा,

उनके उपकार,

उनके सहयोग का हूँ आभारी,

कैसे उनका मूल्य चुकाऊँगा ?

हाय क्या किया मैंने,

बिता दिया सारा जीवन

आदर्शों की रक्षा में,

पर अपना कर्तव्य निभा नहीं पाया ।

तभी आ गयी स्मृति पटल पर,

वह नन्ही सी गिलहरी,

जो लगी रही अनवरत,

अथक राम सेतु बनाने में,

प्रभु राम को लक्ष्य तक पहुँचाने में,

कुछ लोगों ने उसका उपहास किया,

उसकी शारीरिक लघुता का अपमान किया,

मृदु हास्य के साथ उसने यही कहा,

है ज्ञात मुझे, मेरा योगदान नगण्य स्वरूप है,

पर मेरी अभिलाषा है,

मैं प्रभु श्रीराम के काम आऊँ,

उनके पुण्य-पथ पर अपना भी क़दम बढ़ाऊँ,

प्रभु ने उसे अपनाया था,

अपने कर कमलों से उसे सहलाया था;

श्रीराम सोचने लगे,

पूर्व जन्म के कर्मों के कारण शनिदेव का

कोप मिला था,

उसे गिलहरी का लघु रूप मिला था,

उसे शापमुक्त मैं कर सकता था,

अनंत दैवी जीवन का

वर दे सकता था,

हाय ! मैं खोया रहा

अपनी ही चिन्ता में,

कुछ और सोच न पाया,

कहाँ होगी वह नन्हीं सी भूपरी,

कैसे उसे फिर पाऊँगा ?

हे ईश ! क्षमा करना मुझको,

मेरे अपराधों को,

उसे देव लोक देकर

पाप मुक्त करना,

मेरे जो भी पुण्य-फल हों उसको देना ।

लंका की स्मृति जो भी बाक़ी,

बिना विभीषण सदैव अधूरी,

राक्षस नगरी में वही एक पुण्य-पुरुष था,

सदैव धर्म-पथ पर ही चलता था,

सत्य-धर्म की बातें करता था,

धर्म-पथ पर चलने का परामर्श देता था,

थी चिन्ता उसको रावण की भी,

सीता की भी,

अग्रज रावण को बार बार समझाया था,

क्षमा सहित लौटा दो साध्वी को,

प्रभु राम क्षमा कर देंगे तुझको,
सर्व विदित है तू
इच्छारहित नारी का
स्पर्श नहीं करता,
इसलिये देवी सीता पर भी
कोई लांछन नहीं आयेगा,
तेरा सम्मान बढ़ेगा जग में,
तू पौलतस्य वंश यशस्वी कहलायेगा,
लंका को सर्वनाश से बचा ले जायेगा,
हर सम्भव प्रयास किया अग्रज को मनाने का,
भाभी मंदोदरी का भी मनुहार किया,
पर प्रयास सभी विफल रहे उसके;
और अन्त महाविनाश महापंडित का,
वंश हो गया लुप्त उस महाज्ञानी का ।
यदि विभीषण का साथ नहीं मिल पाता,
लंका पर विजय पताका नहीं फहरा पाता,

वह महापुरुष आया था अयोध्या तक,

मेरा राज्या-रोहण करवाने को,

मेरे मस्तक पर रघुकुल तिलक लगाने को;

बार-बार किया आमंत्रित मुझको

लंका आने को,

रक्षकुल की नयी संस्कृति

दिखलाने को,

खेद ! मैं न जा पाया

विभीषण की लंका में,

हो गयी चूक मुझसे,

अब सुधार न कर पाऊँगा,

विभीषण के प्रति

किया अन्याय भुला न पाऊँगा,

विष्णुलोक में भी याद बहुत आती है

उस धर्मपुरुष की,

अब तो केवल

स्मृतियाँ ही रह गयी शेष हैं,

बोझिल करती रहतीं हैं

मेरे अन्तरतम को,

मुक्त नहीं हो पाऊँगा,

श्रीराम के रूप में

फिर नहीं धरा पर जाऊँगा ।

विभीषण का स्मरण करते ही

याद आगयी वह महाकालरात्रि,

जब मृत्पाय लक्ष्मण

पड़े थे समरभूमि में,

प्रहार खा मेघनाद की

महाशक्ति से,

कर रहे रुदन थे

प्रभु श्रीराम हो निराश,

लक्ष्मण के पुनर्जीवित

होने की दुश्चिन्ता से,

तभी विभीषण ने राह बतायी,

लंका के वैद्यराज सुषेण ही कर सकते

जीवित अनुज को ।

ले महाबली हनुमान को उड़ चले,

वैद्यराज को लाने,

लक्ष्मण का उपचार कराने,

सुषेण नहीं थे इच्छुक

शत्रु का उपचार करने को,

पर हो गये विवश विभीषण के आगे,

आये दौड़े-दौड़े रावण का भय त्यागे,

देख लक्ष्मण की स्थिति घबराये,

समझ नहीं आया

शिघ्रातिशिघ्र क्या उपाय बतायें,

यदि संजीवनी आ सके हिमालय से

निशा समाप्ति के पहले,

हो सकते लक्ष्मण जीवित हैं,

अन्य कोई उपचार नहीं है ।

कार्य असम्भव था,

और कोई मार्ग नहीं था;

तभी हनुमान आगे आये,

प्रभु श्रीराम को शीष नवाये;

प्रभु आयुस हो,

मैं जाऊँगा,

संजीवनी अवश्य

निशान्त के पूर्व लाऊँगा;

हर पल, हर क्षण

हो रहा हिमालय सा भारी था,

हर लम्हा सदियों पर भारी था;

हुई ईश कृपा,

आ गये हनुमान समय रहते,

प्रभु श्रीराम की चिन्ता हरते,

हुये लक्ष्मण पुनर्जीवित,

युद्ध की दिशा बदलने को,

रक्ष-कुल नायकों का

वध करने को ।

उस स्मृति से श्रीराम

सिहर-सिहर जाते,

उन क्षणों में लौटते ही घबराते,

यदि विभीषण और हनुमान नहीं होते,

श्रीराम, प्रभुश्रीराम न होते,

सोचने लगे,

कितना उपकार किया नर-वानर

रूप इन देवों ने,

मेरी हर चिन्ता का उपचार

किया इन देवों ने,

पर किया क्या मैंने ?

छोड़ उन्हें धरती पर

आ गया विष्णुलोक में,

वे क्या सोच रहे होंगे,

मेरे बारे में ?

कितने निर्मोही निकले

श्रीराम अपने भक्तों पर !

अचानक याद आ गयी शबरी;

वह वृद्धा भीलनी !

किया था स्वागत श्रीराम का

अरण्य-पथ में,

पास नहीं था कुछ उसके

फिर भी व्याकुल थी,

क्या भाव करूँ अर्पण,

क्या द्रव्य करूँ अर्पण,

नर-रूप नारायण को,

मिले जो,

अहोभाग्य मेरे ।

बड़ी जतन से उसने छाँटा था

एक-एक बेर जंगल से,

चख-चख कर रखा था

हर एक बेर टोकरी में,

श्रीराम समझ गये थे,

बेर जूठे हैं,

पर पहचान लिया था

उस बृद्धा का स्नेह भाव,

स्वीकार किया था प्रेम से,

हर बेर रखे टोकरी में,

सोच रहे थे

जो स्नेह मिला धरती पर,

उसकी झलक भी

नहीं पाता विष्णुलोक में,

मैं क्यों आ गया यहाँ,

हो गया दूर हर स्वजन से,

शुभचिन्तक से, भक्त से,

खो चुका हूँ जो कुछ पाया था,

अब तो केवल एकाकी पन है,

रीतापन है, सूनापन है,

ज्ञात नहीं कब और कहाँ

अन्त होगा इसका ।

श्रीराम को अचानक याद आगये अंगद,

बालि-तारा पुत्र महाबली अंगद !

जो दृढ़ता की मूर्ति थे,

बानर सेना को देते स्फूर्ति थे,

श्रीराम-दूत बन रावण की

राज-सभा में आये थे,

अपनी पिता से हुयी

मित्रता का संदेशा लाये थे,

टिक न सका कोई वीर, महावीर

लंका का उनके आगे,

जहाँ टिका दिया पैर अपना,

कोई उसे तनिक न खिसका
पाया आगे,
स्वंय को झुकना पड़ा,
फिर भी रावण ने
त्यागा नहीं हठ अपना,
अंगद की दृढ़ता,
वीरता देख सब लंका वासी
थे विस्माये,
यदि एक बानर ऐसा है,
श्रीराम क्या करेंगे,
सोच-सोच कर थे घबराये ?
वह अंगद !
जिसे अपने पिता का पाप-कर्म
स्पर्श नहीं कर पाया,
वह पुण्यात्मा,
जिसे ज्ञात था,

मैं उनके पिता का हंता हूँ,

फिर भी मेरा साथ दिया,

धर्म-पथ का सम्मान किया,

विजय दिलाई मुझको,

रह कर सेना के आगे,

रावण-मेघनाद के मायावी

रण का भय त्यागे,

हाय ! कैसे भूल गया मैं उनको,

खेद मुझे अब स्वंय से करना होगा,

अंगद को दे न सका आशिर्वाद

धरा पर रहते,

अब आशीष उन्हें

यहीं से देना होगा,

भूल हुयी मुझसे,

हे मेरे सेनानायक,

क्षमा मुझे करना होगा,

दूर सही,

पर मेरा आशीष

तुम्हें ग्रहण करना होगा ।

प्रभु श्रीराम

जितना भी प्रयास करते,

ब्यथा उनकी बढ़ती ही जाती,

किसी एक प्रसंग को

भूलने का प्रयास करते,

स्मृतियों में नई-नई ब्यथा

उग्रतर हो जाती,

सोचने लगे भूलोक ही अच्छा था,

पीड़ा थी पर साथ निभाने को

भाई थे,

यहाँ इस एकाकीपन में मैं निपट अकेला,

झेल रहा हूँ समस्त बोझ

पीड़ाओं का,

विष्णुलोक मेरे लिये बन गया
ब्यथालोक है,
पीड़ाओं से मुक्ति के लिये
दृष्टि नहीं आता कोई आलोक है,
हे ईश ! अब आप ही बताओ,
मुक्ति मार्ग मैं पाऊँ कैसे ?

चतुर्थ सर्ग

भार्या

श्रीराम हो चले थे उद्विग्न,

प्रमाद, बेचैनी ने आ घेरा,

समझ नहीं पाते थे

क्या कर्म करूँ,

किस ओर चला जाऊँ,

कैसे इस व्याकुलता से

मुक्ति मार्ग पाऊँ ?

केवल एक ही मार्ग

दृष्टि में आता था,

साध्वी सीता !

पर सीता तो जा चुकी थीं,

माँ के अंकपाश में,

भू-माता के आँचल में,

विष्णु लोक और भूगर्भ लोक

में अनन्त दूरी,

पार नहीं कर सकता

कोई इस दूरी को,

कोई संचार नहीं,

कोई सम्पर्क नहीं;

सोचा

जा त्रिलोकनाथ विष्णुदेव से

प्रार्थना करता हूँ,

कोई मार्ग बताओ,

मेरी ब्यथा मिटाओ,

जनक नंदिनी को

इस लोक में ले आओ,

वही एक मात्र औषधि,

शांत कर सकती वही,

मेरे इस क्लांत चित्त को,

मन को ।

त्रिलोकनाथ थे अन्तर्यामी,

समझ गये थे श्रीराम की पीड़ा,

जो दुरभिसंधि चल रही

श्रीराम के अंतर्मन में,

पर था ज्ञात उन्हें,

वैदेही कभी नहीं मिलेंगी

पुन: श्रीराम को,

उन्होंने तथाकथित

आदर्शों की वेदी पर,

सीता का बलिदान किया था,

उस साध्वी का बार-बार

अपमान किया था ।

स्वंय बुला भेजा

श्रीराम को पास अपने,

कुछ वार्ता करने को,

उन्हें स्वंय का

आत्मावलोकन करने का

अवसर देने को;

थे विराजमान

शेषनाग की शैय्या पर,

क्षीर समुद्र की लहरों पर लहराते,

वैभव लक्ष्मी को पास बिठाते;

श्रीराम आये, शीस नवाये,

कर प्रणाम सागर-सुता को,

विष्णुदेव का अभिवादन कर,

करवद्ध हो गये खड़े ।

कुशल-क्षेम ज्ञात कर पूछ लिया,

क्यों हो उद्विग्न मेरे इस लोक में,

जहाँ संतुष्टि,शांति ही बसती;

यदि कोई कष्ट तुम्हें मिलता हो,

नि:संकोच कहो,

तुम तो हो प्रतिरूप मेरे,

फिर कोई कष्ट तुम्हें,

कैसे छू सकता है ?

श्रीराम आ गये द्विविधा में,

क्या कहूँ, कैसे कहूँ,

पर चुप भी कैसे रहूँ,

यदि कहता हूँ हाल

अपने अन्तर्मन की,

त्रिलोकीनाथ क्या सोचेंगे,

यदि चुप रहता हूँ,

अपने कष्टों का समाधान

कैसे पाऊँगा ?

कर धैर्य एकत्रित

जैसे ही मुँह खोला,

सीता.....................

शब्द भी पूरा हो न पाया था कि

देवी लक्ष्मी तड़प उठीं,

कुछ रूठे स्वर में बोलीं,

श्रीराम कर अक्षम्य अपराध बार-बार,

तुमने सीता का सदैव

उपहास किया,

उस साध्वी का अपमान किया,

अब अपना कर्म-फल

अनंत तक भोगो,

किसी सहायता के योग्य नहीं तुम,

जो बोया था काट रहे हो तुम,

अब यही नियति तुम्हारी;

हाँ खेद हमें है,

इस विष्णु लोक में है

कोई ऐसा प्राणी,

जो शांति नहीं पाता,

जिसमें संतुष्टि नहीं,

जो अन्तरमन की पीड़ा से ब्याकुल है,

अपने ही विषवृक्ष के फल से आतुर है,

पर हमने मान लिया,

अपवाद यहाँ भी हो सकता है,

कोई अनंत पुण्यात्मा भी

एक अक्षम्य अपराध कर सकता है ।

देवी लक्ष्मी शांत न रह पाईं,

बोलती रहीं अपने मन की बातें,

सुनते रहे श्रीराम शीस झुकाये,

श्रीविष्णु रहे देखते अनिमेश नयनों से ।

वैदेही थी मेरी प्रतिरूप सहोदरी सी,

मैं जन्मी सागर से,

उसने भूदेवी का गर्भ अपनाया था,

धरती पर मेरे अधूरे कार्यों को

पूरा करने को,

जनक-नंदिनी रूप अपनाया था;

था ज्ञात उसे विष्णु प्रतिरूप तुम,

त्रेता युग मे धरती पर आओगे,

मर्यादाओं, मानदण्डों का नया आकार बनाओगे,

पर उसे ज्ञात नहीं था,
तुम उसको ही
उपहास का पात्र बनाओगे ।
क्या है ज्ञात तुम्हें ?
तुमको पाने को कितना तप, त्याग
किया था उसने,
कालानंतर तक पूजा था माँ गौरी को,
तब जाकर कहीं आशीष मिला था,
उस जगत-जननी का;
धनुष-यज्ञ सुझाया था उसने ही,
विदेह-राज जनक को,
देवी पार्वती ने था
उसे बताया रहस्य कुछ ऐसा,
जो सहायक हो सके तुम्हें पाने में,
तुम्हारे अतिरिक्त रावण और बाण भी,
तोड़ सकते थे उस धनुष को,

पर शिव-धनुष जान चले गये थे,

दूर से ही प्रणाम कर उसको ।

उसने क्या-क्या नहीं सहा संग निभाने को,

पर साथ दिया कितना तुमने उसका ?

जाओ प्रायश्चित करना बाक़ी है,

जो कर न सके तुम पृथ्वी पर,

वह अब भी करना बाक़ी है,

यदि प्रायश्चित कर लोगे पूरा,

आना पास हमारे,

अवश्य सीता को पाओगे,

हम स्वंय जाकर उसको लायेंगे ।

लौट आ गये श्रीराम एक और पीड़ा लेकर,

देवी लक्ष्मी से प्रताड़ना पाकर,

उनकी ज्ञान-चक्षु खुलने की बारी थी,

प्रायश्चित करने की तैयारी थी ।

श्रीराम लगे सोचने जा एकान्त में,

ऐसा क्या अपराध हुआ मुझसे,

जो देवी लक्ष्मी अप्रसन्न हो गयीं मुझपर,

सदैव शांत रहने वाली देवी,

मुखर हो गयीं मुझपर;

अच्छा होगा

देखूँ क्या भूल हुयी मुझसे ?

श्रीराम चले गये स्मृतियों के प्रांगण में,

जब से संग मिला था सीता का,

उस पुण्यमयी परिणीता का;

श्रीराम ने प्रथम बार देखा था छिप कर

पुष्प वाटिका में,

जब आ रही थी वह स्वप्न सुन्दरी,

पूजा कर माँ गौरी के मंदिर से,

हो गये थे मुग्ध देख वह रूप अलौकिक,

निश्चय कर लिया था उसको पाने का,

अपने जीवन संगिनी रूप में अपनाने का;

धनुष यज्ञ में जब असफल हो चुके थे
सभी वीर गण,
तब गुरु वशिष्ट ने राम को भेजा,
धनुष-भंग करने को,
अनुष्ठान जनक का पूर्ण करने को;
श्रीराम को धनुष नहीं वैदेही मात्र दृष्टि आयीं,
भर लिया अंक में हो जैसे,
उठा लिया धनुष को एक ही हाथ से,
खींच चढ़ा दी प्रत्यंचा दूसरे से;
हो गयी पूर्ण मनोकामना
उस स्वप्न सुन्दरी को पानेकी ।

कर परिणय अनुज भार्यायों सहित
अयोध्या को आये,
माँ कौशल्या के अंक में शीस नवाये,
सुहागरात भी बिता नहीं थे पाये,
वज्रपात हुआ........

पिता से बन गमन का आदेश हुआ ।

अनुज लक्ष्मण और सीता भी साथ चले,

अरण्य-पथ पर,

जीवन के कंटक पथ पर;

त्याग दिया सीता ने महलों को,

रत्न, आभूषण, परिधानों को,

धारण कर सन्यासी वेष,

बन गयी अनुगामिनी

पति के चरणों की,

नहीं व्यक्त किया कोई रोष,

नहीं अनुभूति की कोई पीड़ा,

वैदेही के कोमल पदत्राण रहित चरणों ने;

भटकती रही जंगल-जंगल,

जो भी मिला ग्रहण किया,

नहीं मिला कुछ भोजन को

उसका भी कोई रोष नहीं,

कितना कष्ट उठाया;

फिर भी पीड़ा की रेख नहीं आई,

उस कान्तिमयी के आनन पर;

निर्जन बन में,

आधारहीन कानन में,

हिंसक जीवों से भरे अरण्य में,

राक्षसों के दंडकारण्य में,

हर पल साथ रही छाया सी,

धर्म निभाया,

कर्म निभाया,

विधाता की इच्छा को शीस झुकाये,

विन्ध्याचल सी;

प्रत्युत्तर में दिया क्या मैनें ?

संदेह, अविश्वास, मानसिक उत्पीड़न !

माना मैंने सीता ने हठधर्मी की थी,

स्वर्ण मृग-चर्म पाने की,

क्या भूल नहीं थी मेरी ?

क्या कहीं स्वर्ण मृग होता है ?

मैं उसको समझाने का

और प्रयास कर सकता था,

किसी तरह उसके विचार को

परिवर्तित कर सकता था,

पर मैं बन गया अज्ञानी,

दौड़ चला स्वर्ण मृग के पीछे,

लक्ष्मण भी दौड़ पड़े नाम सुनकर मेरा,

पर थोड़ी बुद्धि दिखाई ।

खींच दिया सुरक्षा वृत्त

घेर कर सीता को,

जिसके भीतर प्रवेश

नहीं कर सकती थी,

ब्रह्मांड की कोई भी आसुरी शक्ति,

पर आ गया रावण छद्मवेश बनाये,

इस बार सीता ने की नादानी,

था ज्ञात उसे दंडकवन में

हम स्वंय थे भिक्षुक,

कोई आता था पास नहीं

हमसे भिक्षा लेने को,

यदि कोई आ गया माँगने हमसे भिक्षा,

संदेह उसे करना था,

सुरक्षावृत्त पार नहीं करना था;

जो कुछ हुआ खेद है मुझको,

भोली थी सीता कपटजाल समझ नहीं पाई,

पर वास्तविक भूल हुई मुझसे,

रावण के क्षेत्र में रह कर भी,

उसकी भगिनी का

अंगभंग किया था लक्ष्मण ने,

विनष्ट कर नारी की गरिमा

मेरी आँखों के आगे,

मैं उसको रोक नहीं था पाया,

वही भूल बन गयी हिमालय सी,

जिसने झोंक दिया अनचाहे पथ पर,

यदि मैं समय रहते सावधान करता

लक्ष्मण को, सीता को,

स्यात् अनिष्ट टल जाता;

भूल हुई मुझसे थोड़ी सी,

परिणाम भयंकर निकला,

गया वक़्त लौटा नहीं पाऊँगा,

मैं स्वंय को भी क्षमा नहीं कर पाऊँगा ।

था ज्ञात मुझे रावण की नगरी में सीता,

अविचलित रहने वाली थी,

कोई भय, कोई प्रलोभन

उसपर प्रभाव

नहीं कर सकता,

कोई राक्षसी तंत्र-मंत्र

उसे छू नहीं सकता;

था यह भी ज्ञात मुझे

विभीषण सा धर्मात्मा,

त्रिजटा सी धर्मभिरू,

मंदोदरी सी

उदरहृदया लोग भी,

स्वर्ण नगरी मे रहते हैं,

जो सीता पर आँच नहीं आने देंगे,

किसी की बुरी दृष्टि नहीं उसपर पड़ने देंगे;

रावण कितना भी हो अत्याचारी

पर था महाज्ञानी,

किसी इच्छारहित नारी को अंकशायिनी

नहीं बनाता था,

नारी की मर्यादा को ठेस नहीं पहुँचाता था,

सीता थी पूर्ण समर्पित मुझको,

धर्म-पथ पर अडिग रहने वाली,

कष्ट पड़े कितना भी नहीं झुकने वाली;

मेरे संग बिताये थे तेरह वर्ष,

नंगे पग कंटक पथ पर चल कर,

भूखे-प्यासे भी रह कर,

मंदाकिनी सी निर्झर,

निर्मल प्रवाह बन कर,

माँ पार्वती की सेवा करती रही निरन्तर,

निष्ठा-भक्ति की गंगा बन कर,

जगत-जननी की विशेष कृपा थी उसपर,

यदि बुरे भाव से स्पर्श करे कोई उसको,

भस्मीभूत हो जायेगा उसी पल;

फिर भी मैंने उसका अपमान किया,

उस देवी का उपहास किया,

जब मैं जीत चुका था लंका,

अंत हो चुका था

महाबली रावण का ।

सीता को थी आशा,

प्रभु श्रीराम स्वंय आयेंगे,

अशोक वाटिका से मुझको

सादर ले जायेंगे,

पति-पत्नी दोनों ही

मन की प्यास बुझायेंगे,

भक्त हनुमान सहित सभी बानर गण

स्वागत में शीस झुकायेंगे;

पर किया क्या मैंने.........?

मैं पड़ा रहा अपने खेमें में,

अपने भक्तजनों को विस्मय में डाले,

नहीं दिखाई कोई उत्सुकता,

सीता से मिलने की,

प्रिय भार्या को पाने की ।

हनुमान बहुत थे चिन्तित,

आश्वस्त किया था उसने सीता को,

प्रभु श्रीराम स्वंय आयेंगे,

सम्मान सहित आपको ले जायेंगे;

हनुमान नहीं थे मिथ्यावादी,

फिर भी मैंने उनका अपमान किया,

जिसने सब कुछ दे डाला मुझको

उसका भी उपहास किया ।

सीता आईं;

पर कब.........?

मेरे आने की प्रतीक्षा से थक कर,

जब महाराज विभीषण ने भेजा,

उन्हें पालकी में बिठा कर,

बिना किसी अनुचर के,

दासी के,

फिर भी मैंने उनका स्वागत किया नहीं,

उस देवी का सम्मान किया नहीं ।

कहा दूर ही पालकी को रुक जाने को,

आदेश दिया सीता को

वहीं उतर जाने को,

सीता सकुचाती सी

मेरे अप्रत्याशित ब्यवहार से,

कुछ लज्जित सी उतर गयीं वहीं;

जैसे ही क़दम बढ़ाना चाहा आगे आने को,

मैंने रोक दिया........

पुन: कहा पहले सिद्ध करो

तुम हो पवित्र, स्पर्श रहित,

रावण की नगरी में वर्ष पर्यंत रहते,

राक्षसी भय और प्रलोभन में रहते;

उस पुण्यमयी के आनन पर विषाद की

रेखायें खिंच आईं,

स्पष्ट दिखा था उस चन्द्र-मुख पर,

दुख की, निराशा की,

वेदना की, चुभन की, ग्लानि की,

सरिता प्रवाह में आयी,

ऐसी उपेक्षा,

ऐसा अनादर मेरे जैसा पति करेगा

सोच भी नहीं पाईं,

स्यात् देख रहे थे पूर्वज नभ से,

उनके आनन पर भी दुख की रेखायें आईं,

सीता ने नहीं कोई रोष व्यक्त किया,

नहीं की अवहेलना मेरे आदेशों की,

अग्नि-परीक्षा दे डाली,

पूरी बानर सेना,

सम्पूर्ण जन-समूह के आगे,

अग्नि-शिखा पर चढ़ कर,

नभ को छूती ज्वालायें छू न सकीं,

उस साध्वी के तन को,

पर अवश्य प्रभावित किया होगा

उसके मन को,

हो उत्तीर्ण परीक्षा में,
सीता स्वंय आगे आईं मुझसे मिलने,
निर्विकार, निर्लिप्त, निर्मिमेश,
मेरे चरणों को स्पर्श करने;
ऐसा स्पन्दन-विहीन
स्वागत हुआ नहीं होगा
कभी त्रिलोक में,
ऐसा स्नेह-विहीन पति
मिला नहीं होगा
किसी पत्नी को,
सीता ने पीकर घूँट विष का,
मेरा पूरा सम्मान किया,
मेरे हर आदेशों का मान किया ।
मुझको आज़ समझ में आता है,
क्यों देवी लक्ष्मी ने कहा कुछ
तोड़ मौन अपना ?

मैंने उस निष्पाप,

निष्कलंक भार्या का

जो अपमान किया,

है अक्षम्य अपराध मेरा,

कोई भी पुण्य इस पाप को धो नहीं पायेगा,

इस पीड़ा से अनंत तक मुझको तड़पायेगा ।

हनुमान बहुत थे लज्जित,

देवी सीता के सम्मुख

आने का साहस जुटा न पाते थे,

कर स्पर्श चरण उनका चले गये थे दूर कहीं,

भरे हुये थे आत्मग्लानि से,

उनके आश्वासन को प्रभु श्रीराम ने स्वंय तोड़ा

था,

सोच-सोच कर दुखी बहुत थे,

विश्वास न कोई मुझ पर कर पायेगा,

मेरे आश्वासन को झूठा ही बतलायेगा,

कालान्तर में जब पाप

बहुत बढ़ जायेगा,

होंगे भक्त बहुत मेरे,

पर यज्ञ वेदी में कोई

समिधा मुझे न दे पायेगा,

मैं महाबली रामदूत मात्र ही कहलाऊँगा,

महादेव शिव का रुद्रावतार हो कर भी

दूत ही रह जाऊँगा,

क्या सोचेंगी माँ सीता ?

मैंने झूठ कहा था उनसे,

प्रभु श्रीराम स्वंय

उनको लेने अशोक वाटिका आयेंगे;

सोच रहे थे पवनपुत्र,

प्रायश्चित करना है,

किसी तरह माँ सीता

के सम्मुख रहना है,

अन्तत: पागये मार्ग

अंजनीनंदन पाप मुक्त होने का,

अपने अपराध का प्रायश्चित करने का,

अपने पूरे तन को रंग लिया

देवी सीता के सिन्दूर से,

हो गये लालदेह,

बन गये लाल लंगूर,

कर लिया पूर्ण प्रायश्चित,

हो गये मुक्त अन्तरमन की पीड़ा से,

पर हाय ! अभागा मैं,

मैं कौन सा मुक्ति मार्ग पाऊँगा,

कैसे इस पीड़ा को दूर भगाऊँगा ?

देवी लक्ष्मी के आहत स्वर

बार-बार याद आते थे,

जितना सोचते,

श्रीराम की ब्यथा द्विगुणित

कर जाते थे,

सोचा था श्रीविष्णु के सानिध्य से

कुछ शांति मिलेगी,

पर शांति खो गयी

कहीं विषाद के क्षितिज में,

आत्मावलोकन की श्रृंखला

हो गयी प्रारम्भ,

विषाद था, खेद था,

ब्यथा थी, पीड़ा थी,

अनंत पीड़ा, अन्तहीन वेदना...............

भूलोक पर यदि ज्ञात हुआ होता,

मैं आदर्श समझता था जिनको

वे केवल एक छलावा थे;

ऐसी भूल कदापि नहीं करता,

जो भूल हुयी थी

उनका सुधार करता,

पर अब इस विष्णुलोक

के एकाकीपन में

क्या यत्न करूँ ?

पुन: याद आ गयी वैदेही,

इस बार अयोध्या नगरी में ।

कर विजय स्वर्ण नगरी लंका की,

राम, सहित सीता, लक्ष्मण,

हनुमान, विभीषण के,

चढ़ पुष्पक विमान द्रुतवेग से,

मातृ सदन अयोध्या को आये,

स्वागत में घर-घर सबने दीप जलाये;

हुआ राजतिलक श्रीराम का,

ऋषियों ने मंत्रोचार,

नगर निवासियों ने

मंगल गीत सुनाये,

चौदह वर्षीय चरण पादुका

की आराधना से
भरत मुक्ति पाये,
हो गये सिंहासनासीन
वाम पार्श्व में सीता को बैठायें,
भाइयों ने, अनुज वधुओं ने हर्ष जताये ।
सुख शांति आगयी अयोध्या नगरी में,
पशु, पक्षी, नर, नारी सब हर्षाये,
पर पुन: विडम्बना नियति की,
या दुर्बलता स्वंय के आत्मविश्वास
की आ गयी आगे,
जिस कारण अपना अस्तित्व ही त्यागे;
दबे-दबे स्वर में हो रही थी चर्चा नगर में,
सीता के लंका प्रवास की,
रावण से संदेहास्पद सम्बंधों की;
मिली सूचना श्रीराम को चर्चा नगर की,
खो गये पुन: बुद्धि अपनी,

निर्णय कर लिया सीता के

राजमहल से

निष्काषन की,

देवी थीं गर्भ से,

फिर भी श्रीराम ने अनर्थ कर डाला,

जनक नंदिनी को राजमहल से निकाला ।

भेज दिया घोर जंगल में,

असहाय, बेसहारा,

बिना किसी सहायता,

बिना किसी साधन के,

तनिक नहीं सोचा,

जब सीता को अत्यधिक आवश्यकता थी

श्रीराम की, परिवार की;

अरण्य में वह देवी कैसे रहेगी,

कैसे रघुकुल भविष्य का पालन करेगी ?

सीता पूर्णरूपेण टूट चुकी थीं,

श्रीराम से मोहभंग हो चुका था,

चुपचाप चली गयीं सीता बन को,

पर तोड़ लिया सारा नाता श्रीराम से,

अयोध्या से ।

धन्यभाग,

मिले महर्षि वाल्मीकि जंगल में,

पहचान लिया सीता को,

सादर ले गये अपने आश्रम में,

स्थान दिया रहने का,

आशिर्वाद दिया,

जीवन के झंझावातों से लड़ने का ।

वैदेही भी पिता की तरह

बन गयीं विदेही,

त्याग दिया हर मोह, माया, सगे, सम्बंधी,

नाते, रिश्ते,

राजसी वस्त्र, आभूषण, परिधान,

हो गयीं वानप्रस्थ आश्रमवासी,

बस एक ही कर्तव्य था बाक़ी,

आने वाले बच्चों को

पाल-पोस कर योग्य बनाना,

उचित समय उन्हें

उनके पिता को सौंप कर,

इस संवेदना-विहीन जग से

मुक्ति पा जाना,

वर्ष पर वर्ष बीत गये

पता नहीं किया,

श्रीराम ने सीता का,

उन्हें पता नहीं चला

उनके कितने बच्चे हैं,

कैसे रहते हैं,

क्या अध्ययन करते हैं ?

चौदह वर्ष पश्चात

श्रीराम ने अश्वमेध यज्ञ की ठानी,

छोड़ दिया अभिमंत्रित, अलंकृत अश्व

सभी दिशाओं को,

लगभग सभी नृप हो चुके थे विजित,

किसी ने साहस नहीं किया

श्रीराम के सम्मुख आने का,

अचानक एक दिन

जंगल की राह से जाते,

हो गया अश्व लुप्त;

खोज करते-करते सैनिकों ने देखा,

दो किशोर अश्व को पकड़

मुनि आश्रम को ले जाते,

चेतावनी दी उन्हें

अश्व को छोड़ने की

पर वे नहीं माने,

सैनिकों ने उन किशोर-द्वय से

युद्ध की ठानी,

हो गये परास्त

प्राण बचा कर भागे अयोध्या,

कुमार शत्रुघ्न सेना लेकर आये,

समझाया उन किशोरों को पर वे नहीं माने,

युद्ध हुआ हार गये शत्रुघ्न भी,

श्रीराम के अन्य अनुज भी

बारी-बारी आये,

हुये पराजित सभी उन किशोर-द्वय से,

हुये अचम्भित कौन हैं दो बालक

जो पड़ रहे सब पर भारी हैं ?

अन्त में श्रीराम स्वंय आये

अपनी सेना लेकर,

पर हो गये विक्षिप्त

उनके शर-प्रहार के आगे ।

दोनों किशोरों

लव और कुश ने

वस्त्र व आभूषण

उतारे श्रीराम के,

कर उन्हें अल्प वस्त्र में

आ गये दिखाने

वस्त्राभूषण माँ सीता को,

पहचान लिया सीता ने उन वस्त्रों को,

दिया परिचय उनका अपने पुत्रों को ।

महर्षि को साथ लीये आईं सीता

उन वस्त्राभूषणों को लौटाने,

पुत्रों का पिता से परिचय करानें,

उन्हें पिता को सौंप देने ।

श्रीराम ने सीता का मनुहार किया

अयोध्या लौट चलने को,

पुन: राजमहल में रहने को,

पर ब्यर्थ गया प्रयास उनका;

सीता का उत्तरदायित्व पूर्ण हो चुका था,

जग से पहले ही नाता टूट चुका था ।

माता धरती को याद किया,

आर्त पुकार किया,

भू-माता आईं,

पुत्री को ले अंकपाश में

भूगर्भ में समाईं;

पुत्र मिले श्रीराम को,

सीता सदा सदा के लिये चली गयीं,

श्रीराम द्वारा दी गयी

यातना, पीड़ा की

स्मृतियाँ छोड़ती गयीं ।

अब श्रीराम को समझ में आया,

देवी लक्ष्मी ने

क्यों उन्हें खरी-खरी सुनाया ?

सीता थीं साध्वी

जगत-जननी पार्वती की आराधक,

पाप उन्हें छू नहीं सकता था,

कोई दोष सानिध्य नहीं उनका पा सकता था;

बिना किसी कारण के,

बिना किसी साक्ष्य के,

बिना दिये उन्हें अवसर कोई,

श्रीराम नें कभी उन्हें परीक्षा में डाला,

कभी राजमहल से निकाला ।

सीता पूर्ण समर्पित

अर्धांगिनी थी,

धर्म पथ पर चलने वाली,

श्रीराम का सदा भला करने वाली,

पर श्रीराम ने उन्हें बना दिया था

एक खिलौना,

जब चाहा खेला,

जब चाहा फेंक दिया;

रघुकुल में बहुपत्नी प्रथा थी,

स्वंय उनके पिता की तीन रानियाँ थीं,

सीता भी श्रीराम पर

प्रश्न उठा सकती थीं,

उन्हें धर्म-संकट में डाल सकती थीं,

उस देवी ने कोई अनुचित कार्य किया नहीं,

श्रीराम की प्रतिष्ठा पर कोई कुठाराघात

किया नहीं;

राम भर गये ग्लानि से,

मैं कितना ओछा था,

तथाकथित खोखले आदर्शों पर जीता था,

जनसमूह की ओछी बातों पर विष पीता था

और पिलाता था,

अन्त में मैंने क्या प्राप्त किया,

अनंत पीड़ा, अनंत तक ।

धरती लोक पर जब भी कोई परिणय होता है,

राम-सीता युगल बनने का आशीष

वर-वधू को नहीं कोई देता है ।

हाय ! क्या अनर्थ मैंने कर डाला,

अपने ही कर्मों से अपना प्रारब्ध बिगाड़ा,

उस पुण्यमयी को अब न कभी पाऊँगा,

भूलोक भी लौट न कभी जाऊँगा,

जो कर्म किया है,

परिणाम भुगतना होगा,

अनंत तक अपनी ही लगायी

अग्नि में जलना होगा ।

पंचम सर्ग

धरणी

श्रीराम नें सोचा ध्यान करें परिवर्तित,
दूर कहीं जनक-नंदिनी वैदेही से,
मन को कुछ चैन मिले,
कुछ शांति मिले,
विष्णुलोक के एकाकीपन में विस्तृत,
स्मृतियों से कुछ दूर चलें;
चलें फिर उस धरती पर,
उस पुण्यसलिला
सरयू तट पर,
जन्म जहाँ मैंने पाया था,
जिसने मुझे प्रभु श्रीराम बनाया था,
माँ कौशल्या की गोद मिली थी,
जिनसे मुझको आदर्शों की
पहली सीख मिली थी,
मिले जहाँ थे मेरे सब भाई,
माता कैकेयी और सुमित्रा का भी

पूरा स्नेह मिला था,

स्नेहसिक्त पिता मिले थे,

प्रजा से भरपूर प्यार और

सम्मान मिला था,

मातृभूमि की स्मृतियाँ

अब भी सुख देती हैं,

बार-बार सरयू तट ले जाती हैं,

उस धरती का ऋण अब भी है बाक़ी,

जो रह गये अधूरे,

वह कर्तव्य निभाना अब भी है बाक़ी ।

गुरु वशिष्ठ का आश्रम,

गुरुमाता और मेरे सहपाठी,

कितना अच्छा लगता है

बार बार उन स्मृतियों

में जाना,

बिते दिनों के सुन्दर पुष्प उठाना;

कैसे भूलूँ गुरुमाता को,

जिसनें जननी सम प्यार दिया,

माँ कौशल्या की तरह सदा मनुहार किया,

जिनकी छाया में वेद, शास्त्र, शस्त्र-विद्या का
ज्ञान मिला,

जिनके स्नेह से मानव धर्म का भान मिला,

गुरुमाता की ममता ने ही उद्दात मानवमूल्यों
का पाठ पढ़ाया,

एक पत्नीव्रत का मंत्र सिखाया,

पर हाय भूल गया मैं उस आँचल की साया,

मैंने ही नारी की गरिमा का अपमान किया;

पाप हुआ है मुझसे,

प्रायश्चित तो करना ही है,

किसी तरह मुझे पापमुक्त होना ही है ।

विष्णु लोक से ही अयोध्या का

एक बार पुन: अवलोकन करना है ।

श्रीराम सोच रहे थे,

स्यात इस बार,

देख मातृभूमि जी गद्गद हो जायेगा,

संताप हटेगा,

मन मुदित हो जायेगा;

पर हाय हुआ क्या...................?

पुन: दृश्य वैसा ही आया,

जैसा पिछली बार था पड़ा दिखाई,

सोचा और सूक्ष्मता से देखूँ,

और निकट से परखूँ;

जैसे जैसे अयोध्या की धरती पर दृष्टि घुमायी,

उनकी पीड़ा, चिन्ता अधिकायी,

देखा अयोध्या बन चुकी थी

संताप की नगरी,

माँ सरयू बन चुकी थी

पाप की सरिता ।

राजमहल नहीं थे,

उनका चिन्ह नहीं था,

वन, उपवन जहाँ बचपन में खेले थे,

वे न रहे थे,

उनका परिचय देने वाला न रहा कोई,

न रहीं वे मातायें,

न रहा वो बचपन,

न रहा अल्हड़पन,

न रही वो स्वच्छता, सुचिता,

शुद्धता,

न वो शीतल मंद समीर दिखा

जो सासों के तार प्रफुल्लित करता था,

न दिखी वो गरिमा राजा में

और प्रजा में ।

हो गये चिन्तित,

हो गया क्या,

अयोध्या को,

पुष्यभूमि आर्यावर्त को ?

लगे देखने काट काल की,

समय की सीमायें,

कैसे बदल गयी हैं मर्यादा की रेखायें ?

देखा काल-खंड पार कर चुका था,

परिधियाँ त्रेता युग की,

द्वापर युग की,

कलियुग कस चुका था तन्त्र अपना,

दिखा रहा था दुष्प्रभाव अपना;

भर चुकी थी भूमि युग-पुरुषों से,

पर न मिला कोई जीवन-मूल्यों को

पुनर्जीवित करने वाला,

न रहा कोई मर्यादाओं में रहने वाला;

लड़ रहे थे लोग

आपस में छोटी-छोटी बातों पर,

स्वार्थों की वेदी पर बलिदान हुये थे,

राम के नाम पर अगणित पाप हुये थे,

कुछ भी कर लो अपराध,

पाप, कुकृत्य,

राम के नाम पर औचित्य बताते हैं,

जाति-धर्म और न जाने क्या-क्या खेमों में

लोग बँटते जाते हैं;

श्रीराम समझ न पायें,

हो रही क्या क्रीड़ा है,

विधि की यह कैसी लीला है ?

मैंने त्याग दिया था सब कुछ ,

मर्यादाओं की, आदर्शों की रक्षा में,

मुझको तो प्रतिफल स्वरूप मिला नहीं कुछ,

अब तो मूल्याँकन करना होगा,

मानव ने पाया क्या,

जग को मिला क्या ?

जैसे-जैसे उत्तर से दक्षिण
पूरब से पश्चिम दृष्टि घुमायी,
हो गये दुखी देख मानव की लीला,
राम के नाम पर हो रही थी जो कंदुकक्रीड़ा;
भाई को भाई पर विश्वास नहीं,
सम्बंधों की विकृत हो गयी थी परिभाषा,
पिता-पुत्र में स्नेह नहीं,
हो रहा था
व्यापारिक समझौता;
बँट गया समाज था,
कोई कहता मंदिर बनना है,
रामलला को उसमें रहना है,
कोई कहता बन न सकेगा
कुछ भी इस धरती पर,
अयोध्या भी होगा,
यरूशलम, मक्का और मदीना ।

बिक रही थी हर चौराहे पर,

राम नाम या श्रीराम नाम की महिमा,

सीताओं की सरेआम लुट रही थी गरिमा;

समझ नहीं पाये यह प्रभाव किसका,

प्रभु श्रीराम का या दशानन रावण का ?

जैसे ही विचार रावण का आया,

प्रभु श्रीराम चले गये त्रेतायुग में,

लंका में,

आगयीं याद सब अतीत की बातें,

वह रात्रि जब अंत हो रहा था

लंकापति रावण का;

पौलतस्य प्रपौत्र,

ऋषि विश्रवा पुत्र रावण,

था

मौदगल्य ब्राह्मण भरत-भूमि में जन्मा,

था अति संयमी, शील यती,

ब्रह्मदेव का आराधक,

ब्रह्मा-गायत्री का उसको

आशिर्वाद मिला था,

वेद-शास्त्र, तंत्र-मंत्र का

सम्पूर्ण ज्ञान मिला था,

ज्ञान-भक्ति के कारण ही था

दशानन कहलाता,

त्रिलोक में नहीं था उसके जैसा ज्ञाता,

सौतेला भाई था कुबेर ऐश्वर्य-पति लंका का

स्वामी,

माँ की महत्वाकांक्षाओं के आगे

बाध्य हो गया था,

ऋषित्व त्याग उसने

अपना बलिदान किया था,

भाई कुबेर को भगा बन बैठा लंकापति,

छोड़ दिया था ऋषि परम्परा, मातृभूमि,

राज-पाट अपनाया था,

ज्ञान-धर्म के साथ-साथ राक्षस-कर्म

भी अपनाया था,

हो गया था सम्पूर्ण दक्षिणी क्षेत्र का स्वामी,

नवग्रहों को क़ैद कर अपने कारागृह में,

बना दिया था उनको बन्दी;

उसका पुत्र मेघनाद भी था वैसा ही बलशाली,

जीत इन्द्र को बन गया था इन्द्रजित,

ले सहायता विश्वकर्मा की बना दिया था

लंका को अनुपमेय,

अद्वितीय स्वर्ण नगरी ।

लगे सोचने श्रीराम मैनें ब्रम्ह-हत्या का

पाप किया था,

उस महा पंडित,

महाज्ञानी का सर्वनाश किया था ।

उसने कभी नहीं किया

अयोध्या पर आक्रमण,

मैंने ही उसके क्षेत्र

दंडकारण्य में अतिक्रमण

किया था,

उसकी भगिनी सूर्पणखा को

सत्य बता सकता था,

पर धोखा मैंने उसे दिया था,

भेज लक्ष्मण की ओर,

प्रणय निवेदन करने आई

नारी पर शस्त्र उठा कर,

लक्ष्मण ने नारी की गरिमा को तोड़ा था,

फिर भी मैंने उसका प्रतिरोध किया नहीं था;

रावण के साथ ही अन्त हो गया,

नीति-शास्त्र, तंत्रविद्या का महाज्ञानी;

प्राण त्यागते-त्यागते कहा था उसने,

राम ! मैं हूँ अमर

मात्र भौतिक शरीर जा रहा है मेरा,

अब तक था मैं एक,

अब तेरे माध्यम से मैं,

हर भारतवासी के अन्तर में जाऊँगा,

जो भी नाम भजेगा तेरा

मैं भी उसका हो जाऊँगा ।

याद कर श्रीराम हो गये चिन्तित,

क्या अनर्थ मैंने कर डाला,

अपने ही भक्तजनों को

रावणमय कर डाला;

हो गया स्पष्ट

क्यों अनाचार इतना होता है,

अयोध्या का,

आर्यावर्त का जन-जन रोता है,

मुक्तिमार्ग न इनको बतला पाऊँगा,

धराधाम पर फिर न कभी जाऊँगा ।

जब जी हो चंचल,

स्मृतियों की श्रृंखला कहाँ रुकती है,

यादें एक-एक कर

मानस पटल पर उभरतीं हैं,

किष्किन्धा से लेकर लंका तक

क्या कुछ बीता था,

मन के चित्र पटल पर आने लगे क्रम से,

सुग्रीव से सहायता पाने को,

मैंने भाई-भाई के मध्य कलह में घी डाला था,

महावीर बालि को छल से मारा था,

उसकी पत्नी तारा को सुग्रीव को दे डाला था;

यही क्रम दुहराया था लंका में,

विभीषण को दे राजतिलक का प्रलोभन,

अग्रज रावण के विरुद्ध किया था,

हर पग पर ले सहायता उनकी,

दशानन का सर्वनाश किया था,

और भाभी मंदोदरी को उन्हें दिया था;

भरत भूमि निवासियों को याद है,

मेरे आदर्शों की यही कार्यरूप परिभाषा,

इसीलिये एक भाई दूसरे पर विश्वास नहीं करता,

जहाँ हो स्वार्थ निहित

कुछ भी अनाचार करता;

हाँ इतना अवश्य है,

कैसे रहे आपस में मिल कर

हम चार भाई,

उसका स्मरण नहीं कोई करता,

काश,

यदि लोग किस तरह

हम स्नेह-सम्मान से रहे थे,

समझ पाते, मूर्तरूप कर पाते,

स्यात् आज भी लोग सुख,

समृद्धि, शांति से रहते,

क्या करूँ मैं,

कैसे समझाऊँ,

कैसे रामराज्य की वास्तविक

परिभाषा बतलाऊँ ।

तभी आ गयी स्मृति में पुन: सीता,

राम हो गये उदास,

अनमने, पश्चाताप से भरे हुये,

मैंने कभी नहीं विश्वास किया

भार्या पर,

हर सम्भव कष्ट दिया,

आधारहीन उपालम्भों पर;

मेरी उन त्रुटियों को आदर्श समझ,

भारतवासी नारी की गरिमा का

उपहास उड़ाते हैं,

आज की सीताओं को मेरी सीता से भी

अधिक सताते हैं;

भूल हुयी है मुझसे,

स्वंय को क्षमा नहीं कर पाऊँगा,

विष्णुलोक के इस शांत,

अमृत लोक में भी,

अनंत युग तक

अंदर ही अंदर तड़पता रह जाऊँगा ।

प्रभु श्रीराम हो गये विचारमग्न,

चिंतित,

कभी सोच भी नहीं पाये थे,

जिनको वे आदर्श समझ बैठे,

जिन राहों पर चले वे,

आर्यावर्त निवासियों के पतन का मार्ग बनेंगे,

पारिवारिक सम्बंधों का,

नारी की गरिमा का

उपहास करेंगे;

कितनी पीड़ा मिल रही मुझे,

मेरे नाम पर समाज बिखरता है,

भाई-भाई में वैमनस्य बढ़ता है;

माँ-पिता का पुण्य मिला मुझे,

मैं आगया सर्वश्रेष्ठ विष्णुलोक में,

पर कैसे भूलूँ........................

जब तक रहा धरा पर,

सर्वस्व त्याग किया मैंने,

जीवन-मूल्यों,

मर्यादाओं को स्थापित करने को,

मानव मन, समाज से ईर्ष्या, द्वेष,

राग-दोष,पीड़ा,

हरने को,

दूर भगाने को,

हाय ! कुछ सुख, शांति न मिल पायी

मुझको रहा धरा पर जब तक ।

जिसके लिये जिया मैं,

वही छोड़ आया हूँ जग को,

पर स्वीकार नहीं करता

कोई उन आदर्शों को,

कोई तैयार नहीं उनपर चलने को,

मुझसे तो अच्छे रहे श्रीकृष्ण,

जो किया, ख़ूब किया;

जीवन को ख़ूब जिया,

माँ-पिता, भाई-बहन,

मित्र-सखा सबका साथ मिला,

निभाई मित्रता-शत्रुता,

प्रेम किया जी भर,

पत्नी-प्रेमिका सभी मिलीं,

सुख भोगा, वैभव भोगा,

धर्म, कर्म, भक्ति,

ज्ञान सबका भंडार मिला,

बाँट दिया सब जग को,

निष्काम कर्म का मर्म सिखाया,

जग को गीता का पाठ पढ़ाया;

मैंने तो एक ही शत्रु

विनष्ट किया जीवन में,

पर कृष्णावतार में

कितने शत्रु समाप्त हुये,

धर्म संस्थापित हो,

युद्ध महाभारत के बने सारथी,

मद, मोह, अधर्म का नाश हो,

स्वंय अपना भी कुल

समाप्त करा दिया,

जीवन बिता दिया संघर्षों में,

युद्धों में,

पर उनके नाम पर

प्रेम ही पलता है,

राधा-कृष्ण, कृष्ण-राधा

प्रतीक प्रेम का बनता है ।

राम हो गये चिन्तित,

जब तक रहा धरा पर खोया ही खोया,

जग खो रहा नाम पर अब मेरे,

लगता है इस पीड़ा से,

इस ब्यथा से मुक्त

न हो पाऊँगा,

जितना ही याद करूँगा उनको,

स्वंय को तड़पाऊँगा;

हे ईश ! हे महाकाल क्षमा करना मुझको,

स्यात्, यही नियति है मेरी,

विष्णुलोक में यही परीक्षा है मेरी;

हे जग के निर्माता !

यही प्रार्थना है मेरी,

मेरे सारे पुण्य उन्हें दे दो,

जो आर्यावर्त में,

अयोध्या में रहते हैं,

जो श्रीराम नाम में

आस्था अपनी रखते हैं ।

About the book

श्रीराम की ब्यथा(Agony of Lord Rama) is a unique book which narrates the pain,agony and anguish which Lord Rama feels while living lonely in the highest abode of Lord Vishnu. Lord Rama is known for having established the glory and dignity of human values and ideals and lived whole life for them and sacrificed everything which could be his. But when in heavens he finds himself all alone, he reviews every act of his lifetime and then realizes what all follies he had committed and with their thought get immersed in the ocean of agonies.

About the Author

Author Dr. Om Prakash Yadava is well known writer in English and Hindi having published his work through CREATESPACE self publishing. He has authored over sixteen books covering a wide spectrum of subjects. Though he has spent his entire life in the most hazardous area of India's Defence production yet he maintains a literary taste and after his retirement is keeping himself busy with social activities and writing various books.